AF296097

UNE FÊTE SCOLAIRE

AU COLLÈGE

DES JÉSUITES D'AIX

(1713)

PAR

A.-J. RANCE

Correspondant du Ministère de l'Instruction publique

PARIS

CHAMPION LIBRAIRE — ÉDITEUR

15, Quai Malaquais, 15

1887

UNE FÊTE SCOLAIRE

Aix. — Imprimerie A. MAKAIRE, rue Thiers 2. — 1887.

UNE FÊTE SCOLAIRE

AU COLLÈGE

DES JÉSUITES D'AIX

(1713)

PAR

A.-J. RANCE

Correspondant du Ministère de l'Instruction publique

PARIS

CHAMPION LIBRAIRE — EDITEUR

15, Quai Malaquais, 15

1887

Les auteurs qui se sont occupé des questions de pédagogie
si justement en honneur de notre temps, se divisent sur l'op-
portunité des représentations théâtrales dans les maisons
d'éducation. Beaucoup y voient une perte de temps, et déjà
Rollin se plaignait de ce que la préparation de ces représentations absorbait des heures précieuses, que l'on eût pu mieux
employer. Il donnait des ordres pour corriger les abus et régler les représentations traditionnelles, qu'il ne pouvait sup-
primer. L'Université de France, depuis sa reconstitution, a
proscrit les représentations dramatiques, par une mesure qui
assure efficacement à chaque écolier son droit tout entier au
temps et aux soins de ses maîtres. Beaucoup considèrent cette
prescription comme une œuvre de haute et profonde sagesse.
Il ne nous appartient pas de nous prononcer : nous devons seulement constater qu'avec la surcharge des programmes et la
multiplication des vacances et des jours de congé, les écoliers
n'ont ni autant besoin de fêtes, dans l'intérieur des collèges, ni
autant de temps à consacrer à des exercices dont l'utilité pratique et immédiate est très contestable. Il est vrai cependant
qu'on joue la comédie et la tragédie dans beaucoup d'établis-
sements libres, même de nos jours, et que des maîtres expéri-
mentés trouvent des avantages réels à conserver cet usage (1).

1 Voici ce que nous lisions dans deux journaux, il y a quelques
années :

« M. l'abbé Millaut, curé de Saint-Roch, qui se prépare à célébrer,
avec une pompe inusitée, le deuxième centenaire de Corneille, en y
associant la Comédie-Francaise, les lettres et les arts, a toujours eu un
goût très prononcé pour les manifestations du beau.

« Quand il était supérieur du Petit Séminaire de Paris, après la dé-
mission de l'abbé Dupanloup, futur évêque d'Orléans, il donnait à ses

Qui a tort ou raison? nous avouons ne pas oser l'affirmer. D'ailleurs ce serait assez inutile au but que nous nous proposons.

En Angleterre, les tragédies latines sont encore en vogue. Celles que représentent chaque année les élèves du collège de Westminster, à Londres, attirent un auditoire que la salle est trop petite pour contenir (1). Avant la Révolution, l'Université de Paris, les Jésuites, les Oratoriens, les Doctrinaires, les Barnabites, tous les ordres enseignants étaient d'accord sur ce point : on encourageait les représentations théâtrales, tout en condamnant les abus qui pouvaient se produire (2). C'était une

élèves des fêtes et des concerts, où paraissaient les célébrités de l'Opéra et des Italiens.

« Il avait lui-même pour frère un éminent artiste, premier violon à l'Opéra, qu'il chargeait de la partie musicale. Les élèves qui formaient l'auditoire sont devenus... Ernest Renan, le cardinal Lavigerie, le général de Galliffet, l'évêque d'Orléans, l'archevêque de Reims, Verger, l'assassin de Mgr Sibour ; le marquis de Noailles...

« Quant à Mgr Dupanloup, il offrait aussi des fêtes à son Petit-Séminaire de la Chapelle. Mais le librettiste s'appelait Sophocle, et l'on jouait *Philoctète* en grec. » (Le *Gaulois*, 26 septembre 1884).

« Curieuse soirée hier, au Collège archiépiscopal de Notre-Dame des Champs, où l'on jouait une tragédie latine composée par Mgr Foulon, archevêque de Besançon.

« Décors et costumes très réussis. Public de lettrés très nombreux. Des prélats comme Mgr Giquel, des professeurs, les anciens élèves de la maison, devenus des écrivains lauréats de l'Académie française, comme M. Welschinger et M. de la Brière, une grande partie du clergé de Paris.

« Les goûts élevés, le culte éclairé des lettres ne sont décidément pas en décadence dans les collèges religieux. »

(Le *Figaro*, 28 janvier 1885).

1 *The Graphic*, 1880, t. xxi, p. 642.

2 Malgré la campagne menée par les Jansénistes contre les pièces dramatiques, dans les collèges, l'usage se maintint. Il était ancien dans le Midi et le conseil de ville d'Arles, du 17 novembre 1595, ordonnait « que l'eschaffault dressé par M. Verdier, régent principal du collège, pour certaines tragédies que les escolliers ont délibéré faire, y sera fait aux dépens de cette communauté, et à ces fins sera dressé mandement de ce que montera. » Le 25 février 1600, le même conseil approuvait « la déspense du chaffault pour faire représenter l'histoire de *Jonas* que

vieille tradition de la pédagogie française, dont l'origine remonte à plusieurs siècles. Il est hors de doute que les représentations dramatiques dans les collèges datent de la renaissance du théâtre en France. On sait, en effet, que la *Cléopâtre* de Godelle, et la *Rencontre* du même auteur furent jouées d'abord à l'hôtel de Reims, devant le roi Henri II, et peu après au collège de *Boncourt*, en 1550. Ce sont les premiers essais de la poésie dramatique française. *Estienne Pasquier*, dans ses Recherches de la France, nous apprend que toutes les fenêtres de Boncourt « étaient tapissées d'une infinité de personnages d'honneur, » et que la cour regorgeait d'écoliers. Les acteurs cependant n'étaient pas des écoliers, mais « tous hommes de renom » et les principaux rôles étaient remplis par *Jean de la Péruse* et *Remy Belleau*. Bientôt les écoliers montèrent eux-mêmes sur la scène, à défaut d'autres *entreparleurs*, et l'Université autorisa ces fêtes dramatiques.

Les Jésuites adoptèrent cet usage ; mais, tandis que dans les collèges universitaires, on se contentait de jouer des pièces empruntées à Térence, à Sénèque, à Sophocle, à Euripide, ou à un auteur français, en les adaptant aux convenances scolaires, dans les maisons des Jésuites, on représenta très-souvent des pièces de leur cru, parce qu'ils trouvèrent, sans doute, plus facile de composer des pièces nouvelles, que d'expurger, de rogner et de défigurer, en définitive, les chefs-d'œuvre des poètes dramatiques grecs, latins ou français. Ces comédies et ces tragédies avaient souvent un réel succès de vogue. En 1650, par exemple, on représenta au collège de Clermont une tragédie latine composée par le P. Jourdain et intitulée *Susanna*. On en parla jusqu'à la Cour et le roi Louis XIV, alors âgé de 12 ans, voulut assister à la représentation. La pièce est sans action, sans intérêt et sans style, néanmoins le roi fut enchanté et le P. Jourdain passa pour un grand poète.

Les représentations théâtrales entrèrent absolument dans les mœurs scolaires, malgré l'opposition des Jansénistes qui

Mr Verdier, principal du collège a fait. montant cinq escus. » Guillaume Verdier, docteur en médecine de Montpellier. régit pendant une vingtaine d'années le collège d'Arles, à la fin du XVᵉ siècle.

criaient en vain au scandale. « On a soupçonné les Jansénistes, écrivait Voltaire en 1765, d'avoir armé le bras de l'Eglise contre les spectacles, pour se donner le plaisir de tomber sur les Jésuites, qui faisaient jouer des tragédies et des comédies par leurs écoliers, et qui mettaient ces exercices parmi les premiers devoirs d'une bonne éducation. »

Voltaire lui-même, élève des Jésuites, mais élève bien ingrat, ne condamnait pas cet usage. Il se donnait, il est vrai, le malin plaisir de faire chorus avec les Jansénistes, qui se moquaient spirituellement des productions dramatiques des Jésuites, et il déclarait que les tragédies de collège appartenaient généralement au genre ennuyeux. Cependant, il est bon de remarquer que ce que Voltaire blâmait, c'était uniquement la *poésie* des Jésuites. Il approuvait que l'on exerçât les enfants à jouer la tragédie et la comédie, et il sut toujours gré à ses premiers maîtres de l'avoir initié à la connaissance de la scène et à l'art de la déclamation.

Bien plus, au mois de mai 1735, il offrit à M. Asselin, proviseur du collège d'Harcourt, une de ses tragédies : *La mort de César*, qu'il déclarait « très propre pour un collège. » Cette pièce fut, en effet, jouée au collège d'Harcourt, et si elle échoua complètement à la Comédie Française, de longues années après, elle fut adoptée dans tous les collèges et pensionnats. Ce genre de triomphe ne déplut nullement à Voltaire (1).

---

1 « On joua la mort de César jusque dans les couvents de demoiselles. En 1747, les pensionnaires d'un couvent de Beaune voulaient la représenter le jour de la fête de leur supérieure. Elles écrivirent à Voltaire pour lui demander un prologue. Le premier mouvement de Voltaire fut de froisser la lettre et de la déchirer. « Comment ! s'écria-t-il, c'est bien à des filles de représenter une conjuration de fiers républicains. » Après réflexion, il se calma et dit : « Ce sont pourtant de bonnes filles ! elles ne sont pas trop raisonnables de vouloir un prologue pour cette tragédie ; mais je le suis encore moins de me fâcher pour un prologue. » Et il composa à leur intention une petite pièce de vers, tournée en compliment à Madame la supérieure. Ce prologue, imprimé pour la première fois en 1803 par Suard, dans le *Publiciste*, a été recueilli depuis par les éditeurs de Voltaire. — (Alexis Pierron, *Voltaire et ses maîtres*, 1 vol. in-12, Didier, Paris, 1866, p. 64).

Le *Mercure de France* de nov. 1728, p. 1471, cite le prologue « ré-

Les pièces de théâtre étaient très en honneur dans les pensionnats de demoiselles, ce qui ne surprendra personne. Mme de Maintenon, malgré sa rigidité, permettait aux jeunes élèves de Saint-Cyr de jouer la comédie, tout en redoutant que ces jeunes personnes n'y prissent un peu trop goût. Il est certain que les représentations théâtrales avaient acquis droit de cité dans les maisons d'éducation et triomphé de toutes les oppositions, dès le commencement du XVIIIe siècle. Le 13 mars 1733, le P. *Porée*, professeur au collège royal de Louis le Grand, prononça dans ce collège un discours resté fameux. Il a été publié sous ce titre : *De theatro oratio*. Le savant professeur y traite longuement la question de savoir si le théâtre peut être une bonne école de morale, et il constate que les représentations des comédies et des tragédies, dans les collèges, sont autorisées par une pratique ancienne. Le P. *Porée*, mort en 1741, fut une célébrité de son temps, l'on vantait à l'envi sa science et son talent d'écrivain. Il a laissé plusieurs pièces de théâtre, dont l'une intitulée *Agapitus* a été représentée, en 1865, par les élèves du Petit-Séminaire de Séez, avec le titre nouveau de *Martyre de Saint Agapet*. C'est une réduction du Polyeucte de Corneille, et une œuvre assez pauvre, quoiqu'elle soit la meilleure des pièces du P. Porée.

Béaucoup d'autres membres de la Compagnie composèrent des pièces à l'usage de leurs élèves, et en dehors du P. Porée, il faudrait citer le P. Le Jay qui professait la rhétorique à Louis-le-Grand, durant les dernières années du XVIIe siècle, et dont les œuvres aujourd'hui oubliées ne manquent pas de mérite. Ses tragédies et ses comédies valent peut-être mieux que celles du P. Porée. Parmi ces tragédies, (au nombre de sept), il faut citer : *Joseph venditus a fratribus, Daniel, Eustachius major*, où l'imitation des procédés de Sénèque le Tragique est évidente. La comédie de *Damoclès*, jouée en 1695 et en 1702, est le chef-d'œuvre du P. Le Jay. Le P. Tournemine et le P. de La Rue écrivirent aussi quelques piè-

cité à la tragédie de Polyeucte, représentée le 7 oct. par les grandes pensionnaires de la communauté des dames de la Providence du faubourg S. Marceau. »

ces dont les titres sont connus des seuls érudits. Si l'on avait
la patience et la possibilité de recueillir tout ce que les PP.
Jésuites ont composé de tragédies et de comédies à l'usage de
leurs élèves, le catalogue serait fort étendu (1), car dans presque chaque collège, le professeur de rhétorique était, pour
ainsi dire, par une sorte de tradition, le fournisseur attitré de
ces récréations dramatiques. Il y aurait là toute une littérature
de valeur très inégale, mais très curieuse, au point de vue des
mœurs scolaires du siècle dernier (2).

Nombre de ces pièces n'ont jamais été imprimées, bon nombre d'autres ont été imprimées séparément et n'ont jamais été
réunies en volume, et c'est une bonne fortune pour le biblio-
phile de mettre la main sur une de ces plaquettes.

Au congrès des sociétés savantes en Sorbonne (1884), dans
une des réunions de la section d'histoire et de philologie, la
conversation vint, je ne sais à quel propos, à rouler sur ce
sujet. Un des délégués signalait une pièce de ce genre à
M. Léopold Delisle. Je me permis alors de faire observer
qu'elles étaient nombreuses et que j'en avais rencontré plus
d'une à la bibliothèque Méjanes d'Aix. M. Léopold Delisle me
répondit : « Elles peuvent être nombreuses, mais elles sont
toujours rares. » Ce mot me frappa : je me rappelai que la
Méjanes en possède un grand nombre, enfouies dans cette
inextricable collection de recueils, formée par le marquis de
Méjanes. Ces recueils sont des volumes où se trouvent réunies
les pièces les plus disparates : telles que l'édition *princeps* du
discours de réception de Voltaire à l'Académie (4 p. in-f°), la
lettre de faire part de la mort de M. de Valbelle, évêque de

1 M. *Paris*, dans son Histoire du Théâtre à Reims, 1 vol. in-8°,
1885, a donné une liste complète des tragédies jouées chez les Jésuites
de cette ville.

M. *Albert Babeau*, dans sa brochure sur le Théâtre de l'ancien collège de Troyes, in-8°, 1881, donne la liste des exercices dramatiques et
littéraires du Collège des Oratoriens de Troyes.

2 M. Alexis Pierron, dans un petit volume intitulé : *Voltaire et ses
maîtres*, entre dans d'assez longs détails, sur les représentations théâtrales dans les collèges. Nous avons puisé là plus d'un renseignement
précieux.

Saint-Omer, avec une foule d'écrits de circonstance, assemblés par ordre de date et souvent au hasard. Il y a là des trésors inconnus, des brochures introuvables, des éditions originales, des documents malheureusement perdus pour l'histoire. Plusieurs fois déjà, j'ai passé de longues heures à les feuilleter, et ce n'a jamais été sans plaisir ni sans profit.

En parcourant un de ces volumes hybrides, portant simplement au dos la date de 1717, j'ai rencontré une pièce qui fixa mon attention, parmi beaucoup d'autres. Le lecteur me saura peut-être gré de la signaler, car elle se rapporte à l'histoire locale de la ville d'Aix, au commencement du XVIIIe siècle, au déclin du règne de Louis XIV. Il s'agit d'une fête scolaire donnée au collège des Jésuites d'Aix, en juin 1713 (1).

Cette pièce est intitulée : « *Le retour d'Astrée*, ballet pour servir d'intermèdes à la comédie : *Des incommodités de la Grandeur.* — Sera dansé à l'occasion de la paix au Collège royal de Bourbon, de la compagnie de Jésus, le 28 et 30 du mois de juin 1713.

A Aix, chez *Jean Adibert*, imprimeur du Roy et de l'Université. »

1 - Le Collège Bourbon fut fondé en vertu d'une délibération du conseil de la ville, 25 avril 1583, et établi dans le jardin du Roi. L'entrée du Collège était dans la rue Manuel (ancienne rue du Collège). Les Jésuites en étaient les directeurs depuis 1621, et ils en conservèrent la direction jusqu'à leur suppression, en 1763. Ils furent remplacés, à cette époque, par les PP. de la Doctrine chrétienne, qui dirigeaient déjà, un établissement rival, dans Aix, depuis 1726 au moins, car nous avons relevé dans les recueils de la Méjanes des thèses soutenues chez eux, le 2 et le 16 juillet 1726. (Ancienne école normale des filles).

« L'ancien Collège Royal-Bourbon, était situé sur l'emplacement qu'occupait au commencement du XIVe siècle, la maison de plaisance de *Robert*, dit le Sage ou le Bon, roi de Naples et comte de Provence, et passa depuis aux successeurs de ce prince, au comté de Provence Cette maison, qu'on appelait le Jardin du Roi, était entourée d'un beau jardin qui touchait, au nord, la rue actuelle des Bretons, et au midi, le chemin de la Torse ou du Tholonet, dans la partie basse de la rue que nous appelons aujourd'hui du Louvre ou de l'Intendance ; il était bordé au levant, par la rue actuelle des Jardins, et, au couchant, par celle de Lacépède. » (*Roux-Alphéran*, Les Rues d'Aix, t. II, p. 28)

Elle forme une brochure in-4° de 12 pages, fort nettement imprimées. (Recueil n° 27148)

Dans le même volume, se trouvent plusieurs autres pièces de ce genre. Ce sont des drames joués à Saint-Omer, en l'honneur de François de Valbelle (1), évêque de cette ville, et dont la famille, d'origine provençale, possédait à Aix l'hôtel de Valvelle, aujourd'hui caserne de gendarmerie. Le recueil 27148 a été formé par un Valbelle, conseiller au Parlement, et contient nombre de documents concernant cette famille.

Je n'ai pas intention d'analyser ces drames, qui le mériteraient cependant, pour plus d'une raison; je veux seulement entrer dans quelques détails, au sujet du ballet dansé au collège d'Aix.

On sait quels désastres causa en France la guerre de la succession d'Espagne : les finances étaient épuisées, les armées n'existaient plus que grâce au prodigieux dévouement des généraux français. Après la glorieuse défaite de Malplaquet (1709), Louis XIV avait demandé la paix, et une conférence se tint à Gertruydemberg. Mais le vieux roi, révolté des exigences des alliés, qui prétendaient le forcer à détrôner Philippe V, fit au patriotisme de ses sujets un appel qui fut entendu. Les armées se réorganisèrent et la guerre recommença. En 1711 les négociations reprirent, mais cette fois Louis XIV ne voulut traiter qu'avec les Anglais, qui semblaient les plus disposés à la paix.

Les hostilités continuaient simultanément avec les pourparlers, mais les exigences des alliés étaient bien moindres. Le 17 avril 1711, l'empereur Joseph mourut et l'héritier de l'Empire fut son frère Charles, le compétiteur de Philippe V. La guerre, entamée au nom de l'équilibre européen, n'avait

1 Les Valbelle ont joué un grand rôle en Provence : les plus illustres représentants de ce nom reposaient dans l'Eglise de Tourves, près de Saint-Maximin, et dans l'église de la Chartreuse de Montrieux (Var).

plus sa raison d'être, et les alliés ne pouvaient songer à réunir de nouveau, sur une seule tête, l'empire colossal de Charles-Quint. L'Angleterre le comprit, et tandis que la Hollande et l'Empereur se refusaient à traiter et voulaient continuer la guerre, le parti de la paix l'emporta à Londres. Il fut décidé que l'Angleterre essayerait d'interposer sa médiation.

Les plénipotentiaires anglais et français se réunirent à Utrecht, le 29 janvier 1712. L'Empereur y envoya ses représentants, mais on ne parvint pas à s'entendre, malgré la pression de l'Angleterre et son désir de la paix. La mort du Dauphin (14 avril 1711), avait transmis ses droits de succession au duc de Bourgogne, l'élève de Fénelon. Mais le duc de Bourgogne mourut lui-même, le 18 février 1712. La situation de l'Europe fut changée : la paix semblait faite ou à peu près avec l'Angleterre et la paix générale était en perspective, avec des conditions bien différentes de celles que la France avait été sur le point de subir. Les craintes de l'Europe furent réveillées, et l'Angleterre elle-même était inquiète de voir Philippe V, séparé par un seul degré du trône de France. On demanda à Louis XIV de nouvelles garanties et on exigea que Philippe V renonçât à tous ses droits, sur la couronne de France. Louis XIV hésitait et le prince Eugène, le chef du parti de la guerre, ne cherchait que l'occasion de rouvrir les opérations militaires, malgré la répugnance du gouvernement anglais.

Tout se trouvait remis en question. Louis XIV fit des offres avantageuses à l'Angleterre, et Philippe V abandonna ses droits de succession en France. Les Anglais se retirèrent de la coalition. Pendant ces négociations, le prince Eugène était entré en campagne, avec une nombreuse armée; Louis XIV n'avait qu'une armée inférieure en nombre à lui opposer. Villars, qui en avait le commandement, manœuvra si habilement qu'il vainquit le prince Eugène à Denain (avril 1712) (1) et reprit sur les Impériaux Douai, le Quesnoy et Bouchain. Les Impériaux étaient rejetés en Hollande. La campagne supérieurement con-

1 Dans l'armée de Villars se trouvaient, paraît-il, plus de 200 officiers originaires d'Arles.

duite par Villars eut plein succès, les armes de la France
étaient vengées, la paix était une question de temps.

Les succès éclatants de Villars effrayèrent les Hollandais qui
ollicitèrent l'entremise des Anglais, afin de renouer les confé-
rences d'Utrecht. Les négociations furent longues et les conditions furent difficiles à régler. Néanmoins, on finit par tomber d'accord, et, le 11 avril 1713, la paix fut signée, à Utrecht,
entre la France d'une part, l'Angleterre, la Hollande, la
Prusse, le Portugal, la Savoie, de l'autre. Le trône d'Espagne
était assuré à Philippe V, et Louis XIV avait pu éluder la plu-
part des exigences antérieures des alliés. La guerre de la succession finissait glorieusement pour la France. Cependant à
l'instigation du prince Eugène, l'Empereur avait refusé de
signer la paix avec les autres alliés, et il mettait sur pied une
armée de 60,000 hommes, qui s'apprêtait à franchir le Rhin à
Philisbourg. Villars, une fois encore, fit des prodiges d'habi-
leté : il s'empara de Spire, de Landau (7 juin 1713), et après
avoir occupé la ligne du Rhin et de la forêt Noire, il mit le
siège devant Freybourg, dont il se rendit maître, après une
série de combats meurtriers (16 nov. 1714).

La prise de Freybourg força l'Empereur à la paix. Les deux
adversaires, Villars et le prince Eugène, munis des pleins pou-
voirs de leurs souverains, furent chargés de régler les conditions de l'accord : ils s'abouchèrent à Rastadt, le 26 novembre
1713, et, malgré les prétentions exagérées de l'Empereur, les
questions territoriales et politiques furent assez rapidement
vidées. La paix fut signée le 7 mars 1714, sur les bases du
traité de Ryswick : l'Empereur reconnaissait Philippe V, cé-
dait à la France Strasbourg et Landau, mais il gardait Naples,
Milan et la Belgique.

La Catalogne seule continuait à ne pas vouloir reconnaître
Philippe V, il fallut tout le génie militaire de Berwick pour la
soumettre. Enfin la prise de Barcelone (11 septembre 1714),
triompha des dernières résistances.

L'Europe entière respira après une guerre longue et rui-
neuse. Louis XIV achevait son règne sous un dernier reflet de

gloire militaire, et la France, épuisée, se recueillait et réparait ses pertes.

Le double traité d'Utrecht et de Rastadt fut accueili avec un enthousiasme général : c'est dans l'intervalle qui s'écoula entre les deux traités que fut joué, au collège des Jésuites d'Aix, le ballet « *Le retour d'Astrée.* »

L'Empereur n'avait pas encore consenti à traiter, mais la coalition européenne, qui avait été sur le point de faire payer fort cher à Louis XIV ses succès précédents, était dissoute par suite de la paix d'Utrecht. La confiance renaissait en France, où les victoires inespérées de Villars avaient relevé tous les courages. La paix était faite avec les ennemis les plus redoutables, et l'on ne doutait plus qu'un succès définitif ne vînt couronner la lutte contre les Impériaux, réduits à leurs propres forces.

Le prologue ou « Dessein du Ballet » montrera avec quel bonheur la paix fut accueillie : c'était un soulagement général. A la date du 28 juin, deux mois à peine s'étaient écoulés depuis la paix, et Villars avait commencé sa campagne du Rhin, dont les débuts étaient singulièrement honorables pour les armes de la France.

Les représentations théâtrales faisaient partie du programme de toutes les réjouissances dans les collèges des PP. Jésuites. La conclusion de la paix était un événement trop heureux pour qu'on ne le fêtât point. Le ballet dont nous avons retrouvé le libretto était le complément de la comédie qui fut représentée, et qui était intitulée : *Des incommodités de la grandeur*(1). C'était une fête improvisée. Ce qui se passait à Paris se passait dans tous les collèges des PP. Jésuites, et voici les détails que nous donne Alexis Pierron, dans son ouvrage sur *Voltaire et ses maîtres*.

« On jouait, au collége Louis le Grand, des pièces de théâtre. Ces représentations étaient même assez fréquentes. Il y

---

(1) Notons que chez les Jésuites les représentations théâtrales étaient généralement accompagnées d'un ballet, dansé par les élèves, tandis que les Oratoriens proscrivaient absolument cet usage.

avait la petite comédie et la grande comédie. La petite comédie était la représentation des pièces comiques ; la grande comédie, celle des pièces tragiques. Les pièces comiques étaient
assez courtes, et d'ordinaire en prose latine, avec prologue et
intermèdes en vers français. Il fallait peu de temps pour les
apprendre et les monter ; et on les jouait sans trop d'appareil
dans une des cours secondaires de la maison, la cour du Mans-
Neuf, dont le nom rappelle un des nombreux collèges absorbés
par le collége de Clermont, durant sa croissance. On donnait
la petite comédie au moins une fois l'an, aux *ludi priores*,
c'est-à-dire dans une fête qui précédait de quelques jours la
distribution des prix. La grande comédie était réservée pour
les *ludi solemnes*, pour la distribution des prix même. Aussi
bien s'agissait-il de tragédies latines et presque toujours en
cinq actes. On consacrait des mois entiers à styler les jeunes
acteurs, à les mettre en parfaite possession de leur rôle, à faire
les répétitions, à tout préparer pour que la solennité ne trom-
pât point l'attente des spectateurs. L'estrade du théâtre était
dressée au fond de la grande cour, en face de la porte d'entrée. Une tente immense, décorée de tapisseries, d'écussons,
d'emblèmes, de devises, abritait le public invité. Toutes les
familles étaient conviées, des places d'honneur étaient réser-
vées pour les dignitaires de la compagnie de Jésus, pour les
membres du haut clergé, pour les personnages de la Cour.
Le spectacle servait de prélude à la distribution des récom-
penses. Les écoliers qu'on avait applaudis comme tragédiens,
on avait ensuite le plaisir de les applaudir comme lauréats.
Car les rôles n'étaient confiés qu'aux écoliers les plus entendus
et les mieux disants, qu'aux plus brillants sujets des hautes
classes (1). »

1. A. Pierron, *Voltaire et ses maîtres*, 1 vol. in-12. Didier, 1866,
p. 28.

Dans ce volume peu connu, M. Pierron donne de curieux renseigne-
ments sur les collèges des Jésuites au XVIIIe siècle, sur leur système
d'études et leur littérature. Les détails biographiques sur quelques-uns
de leurs grands professeurs, les PP. Porée, Le Jay, Tournemine, Thou-
lier (l'abbé d'Olivet) présentent un réel intérêt.

La fête scolaire d'Aix était une fête de réjouissance patriotique, organisée tout spécialement a l'occasion de la conclusion de la paix, car les vacances ne commençaient pas encore à cette date, et il ne s'agissait certainement pas de la représentation traditionnelle donnée en cette circonstance.

Dans ce ballet, nous pouvons suivre toutes les péripéties qui précédèrent la paix : d'abord les dispositions bienveillantes de l'Angleterre permettent d'espérer la fin de la guerre, désirée par tous les peuples de l'Europe : Français, Espagnols, Anglais, Hollandais et Allemands, par toutes les catégories de citoyens : les paysans, les marchands, les vieillards, les *sacrificateurs*. Puis la Hollande et l'Empereur s'opposent à la paix, la Discorde et les Furies essaient d'entretetenir la guerre, et les gazetiers de Hollande et de Berne répandent de fausses nouvelles qui ravivent les dissensions. Pendant ce temps « l'Hiver, Borée et la Famine » ravagent la France, mais au moment où la Discorde s'applaudit d'avoir rallumé le feu de la guerre, Momus annonce qu'Astrée va venir bientôt, et la déesse paraît qui relègue les Furies aux enfers et promet aux hommes le repos qu'ils ont tant souhaité. Sous ces allégories, qui occupent les deux premières parties du ballet, il est facile de suivre la marche lente et souvent entravée des négociations, qui finirent cependant par amener la paix, malgré les efforts de l'Empereur, de la Hollande et du prince Eugène.

La troisième partie célèbre les avantages de la paix, qui permet à l'industrie de se développer, aux sciences et aux arts de refleurir, et au commerce de reprendre son essor, tandis que l'agriculture bénéficie aussi, de son côté, de la tranquillité générale.

L'allégorie d'Astrée, revenant sur la terre pour y ramener l'ordre et le repos, est empruntée aux romans alors en honneur (1).

1 Les romans du siècle de Louis XIV peuvent nous donner l'idée de l'esprit et du ton qui régnaient dans les conversations élégantes de

Astrée a donné son nom au roman fameux d'Honoré d'Urfé (1), paru de 1610 à 1625. C'est un tissu d'aventures romanesques qui déroute au premier abord ; néanmoins il y a des caractères bien soutenus et la composition ne manque pas d'une certaine unité. La donnée générale est empruntée, paraît-il, à l'histoire, mais il est difficile de s'y reconnaître. Nous avons peine à nous rendre compte de la vogue de ce roman, vogue qui fut très durable, car *La Rochefoucauld*, *La Fontaine* et *J. J. Rousseau* en furent les admirateurs. On en fit de nombreuses éditions, et l'influence de l'Astrée sur la société française fut considérable.

En 1713, on venait précisément d'en publier un abrégé sous le titre de *La nouvelle Astrée* (Paris, in-12).

La comédie de l'*Incommodité des Grandeurs* fut jouée à deux jours différents : le premier jour pour les dames, et le second pour les messieurs. C'est l'usage que nous trouvons pratiqué dans un autre collège des Jésuites, à Saint-Omer, en 1714, et qui était généralement suivi par eux.

l'époque. Il suffit d'entr'ouvrir les volumineux ouvrages de Gomberville, de La Calprenède, ou de Mlle de Scudéry. Le roman héroïque était françis d'origine et espagnol d'éducation : il dérivait plus ou moins de l'Amadis des Gaules, qui fut la souche d'une dynastie nombreuse. Sous des noms turcs, grecs ou romains, c'est la galanterie, la recherche, la sentimentalité exagérée qui fait le fond du Polexandre de Gomberville (5 vol. 1200 pages chacun), de Cléopâtre de la Calprenède (12 vol. in-18), de Clélie de Mlle de Scudéry (10 vol. in-8°). Ces fastidieuses productions, qui charmaient l'ennui du XVII° siècle, sont de nature à faire regretter la singulière Amadis des Gaules, confondue, du reste, aujourd'hui dans un même oubli.

1 Honoré d'Urfé, né à Marseille en 1568, mourut à Villefranche en 1625. Ecrivain fécond et prolixe, il ne fut certainement pas sans influence sur les destinées de la langue française. M. Bonafons, ancien doyen de la Faculté des Lettres d'Aix, lui a consacré un volume très élogieux dans lequel il exagère, ce nous semble, la valeur de l'Astrée, son œuvre principale. (Etudes sur l'Astrée et sur Honoré d'Urfé, par *Norbert Bonafous*, Paris Didot. 1846, 1 vol. in-8°) Il ne faut pas toujours juger du mérite d'un auteur sur le succès de ses ouvrages, qui dépend d'une foule de circonstances souvent étrangères. — V. Saint-Marc Girardin, Cours de Littérature dramatique, t. III.

Nul doute que toute la société aixoise ne soit accourue à l'appel des Pères, pour applaudir les jeunes acteurs, qui étaient tous originaires de la ville ou du moins de la contrée. Dix élèves, originaires d'Aix, devaient paraître sur la scène, dans le ballet seulement, et d'autres devaient figurer dans la comédie. La noble cité aimait et respectait les Jésuites, les principales familles leur confiaient leurs enfants, et la fête organisée au collège intéressait toute la ville. Elle répondait d'ailleurs à la joie générale, aussi dut-elle être brillante. L'assistance n'épargna aux acteurs et à leurs maîtres ni les applaudissements, ni les louanges.

Nous reproduisons mot pour mot le *libretto* du ballet, avec le regret de n'avoir pas retrouvé le texte de la comédie.

LE RETOUR D'ASTRÉE

Ballet pour servir d'intermèdes à la comédie « Des incommodités de la grandeur (1). »

Sera dansé, à l'occasion de la paix, au collège royal de Bourbon, de la Compagnie de Jésus, le 28 et 30 du mois de juin 1713.

A Aix, chez *Jean Adibert*, imprimeur du Roy et de l'Université. — Broch. in-4°, 12 pages.

Dessein du Ballet.

L'heureux dénouement d'une guerre qui a fait, pendant tant d'années, la désolation de toute l'Europe, a causé une joie d'autant plus grande et plus universelle, qu'on avait mieux senti, par tous les malheurs de cette longue guerre, le besoin que l'on avait d'une bonne et solide paix.

C'est le retour de cette paix tant désirée, de cette paix l'ouvrage

---

1 Le ch. vii du livre III des Essais de Montaigne est intitulé : De l'incommodité de la Grandeur. N'aurait-il pas fourni le thème et l'idée de cette comédie ? Nous ne croyons pas trop téméraire de le penser.

de Louis le Grand, et le comble de sa gloire, qui a été l'occasion
de cette réjouissance littéraire et qui fait le sujet de ce Ballet. Nous
n'avons point trouvé, dans toutes les ingénieuses fictions des poètes
d'allégorie plus juste pour l'exprimer que le retour d'Astrée sur la
terre. Ils ont feint que cette déesse habitait chez les mortels pendant l'âge d'or et que sa présence faisait leur bonheur : mais qu'ir-
ritée de leurs crimes, elle se retira dans le ciel, et bientôt le siècle
de fer succédant à l'aimable siècle d'or, une affreuse misère prit la
place du bonheur.

Rien ne peut nous donner une plus juste idée des douceurs de
cet âge d'or tant vanté par les poètes, que la douceur de la paix.

Voilà ce qui nous a déterminé à prendre le retour d'Astrée pour
le sujet de ce Ballet. Nous représenterons, dans la première partie,
les vœux de tous les peuples et de tous les Etats, pour le retour
d'Astrée. Dans la seconde, les obstacles à ce retour surmontés.
Dans la troisième, les grands avantages du retour. Nous n'osons pas
nous flatter que ce dessein et la manière dont nous l'exécuterons
soient du goût de tout le monde : aussi n'avons-nous en vue que
de mériter les suffrages de ceux que la prévention ou la bizarrerie
n'empêchent jamais de juger les choses sainement.

Récitera le prologue :
De Laval.

—

Ouverture du ballet.

Le génie de la France et celui de l'Espagne, dont la réunion a
causé la jalousie des puissances liguées, viennent ensemble concer-
ter les moyens de rendre la tranquillité à la terre. Mercure descend
par ordre de Jupiter et leur promet que, pour seconder leur dessein, il fera revenir Astrée sur la terre : et, pour assurance de sa
promesse, il commence à détromper le génie d'Angleterre, qui se
déclare pour la paix.

Génie de la France :	*Dugrou* l'aîné.
Génie de l'Espagne.	*De Cymon.*
Mercure.	*Dugrou* le cadet.
Génie d'Angleterre.	*Autheman.*

Première Partie.

LES VŒUX POUR LE RETOUR D'ASTRÉE

Première entrée.

Les peuples différents.

Un Français, un Espagnol, un Anglais, un Hollandais, un Allemand viennent se plaindre des malheurs que leur a causés la guerre, et ils expliquent les raisons que chaque nation a de souhaiter ardemment la paix et le retour d'Astrée, qui doit les délivrer de tous ces malheurs.

Français :	*Le Guay.*
Espagnol	*De Montagnier.*
Anglais.	*Meiffren.*
Hollandais.	*Martel.*
Allemand.	*Barnoin.*

Seconde entrée.

Les Païsans.

Quatre païsans, après s'être entretenu quelque temps sur ce qu'ils ont vu de merveilleux, dans la ville d'Aix, à l'occasion de quelque bruit de paix qui s'y répandent, font le détail de tous les maux que leur a causés la guerre et font des vœux pour la voir finir.

Païsans :	*Dugrou* l'aîné.
—	*Porte.*
—	*Bossy.*
—	*De Serrat.*

Troisième entrée.

Les Marchands.

Deux marchands dont la guerre a interrompu le négoce désirent avec empressement le retour d'Astrée, qui rendra au commerce son ancien éclat.

Marchands :	*Le Guay.*
—	*De la Garde.*

Quatrième entrée.

Les Vieillards.

Deux vieillards se plaignent de ce que la guerre tient leurs fils éloignés d'eux, exposés au danger de perdre la vie, et exagèrent les dépenses excessives qu'ils sont obligés de faire pour les entretenir à l'armée.

Vieillards :   *Bec.*
—   *De Laval.*

Cinquième entrée.

Les Sacrificateurs.

Deux druides en sacrificateurs témoignent de leur douleur de voir leurs temples abandonnés pendant la guerre, et font un sacrifice à Jupiter, pour obtenir le retour d'Astrée.

Druides :   *Pelissier.*
—   *Estienne.*

Sixième entrée.

Jupiter paraît sur son aigle et promet aux sacrificateurs de renvoyer bientôt Astrée sur la terre, qui rendra la paix aux hommes malgré tous les efforts de la discorde.

Jupiter :   *Arquier.*

Seconde Partie.

LES OBSTACLES AU RETOUR D'ASTRÉE SURMONTÉS.

—

Première entrée.

Le Génie de l'Empire et le Génie de la Hollande.

Le Génie de l'Empire et celui de la Hollande, alarmés du bruit qui se répand du retour d'Astrée, s'excitent l'un l'autre à tout entreprendre pour l'empêcher.

Génie de l'Empire :   *Autheman.*
     de la Hollande :   *Arquier.*

Seconde entrée.

La Discorde et les Furies.

La Discorde et les Furies sortent des Enfers, pour entretenir la guerre et empêcher le retour d'Astrée.

La Discorde :   *Meiffren.*
Furies :   *Estienne.*
—   *Barnoin.*
—   *Martel.*

Troisième entrée.

L'Hiver, Borée, la Famine

L'Hiver, Borée et la Famine se rassemblent pour seconder les desseins de la Discorde : ils promettent sur tout de ravager la France où l'on travaille avec plus d'ardeur pour procurer le retour d'Astrée.

L'Hiver :   *Dugrou* l'aîné.
Borée :   *De Cymon.*
La Famine :   *Bèc.*

Quatrième entrée.

Les Faux Bruits.

Les Faux Bruits, représentés par les Gazetiers de Hollande et de Berne, par les fausses nouvelles qu'ils répandent, tâchent d'entretenir la division.

Gazetier de Hollande :   *Bossy.*
Gazetier de Berne :   *De Laval.*

Cinquième entrée.

Momus.

La Discorde avec les Furies viennent s'applaudir d'avoir rallumé le feu de la guerre : Momus paraît en même temps, qui leur apprend en son style railleur qu'Astrée paraîtra bientôt et les fera rentrer dans les enfers.

Momus :   *Dugrou* le cadet.

Sixième entrée.

Astrée, la Fidélité, l'Abondance.

Astrée, accompagnée de la Fidélité et de l'Abondance, descend du ciel, ordonne à la Discorde de se retirer pour toujours dans les Enfers, et promet aux hommes le repos et le bonheur qu'ils ont tant souhaité.

Astrée :   *De Montagnier.*
L'abondance : *De Ferrier.*
La Félicité :   *Arquier.*

Troisième Partie.

LES AVANTAGES DU RETOUR D'ASTRÉE

Première entrée.

Vulcain, les Forgerons.

Vulcain, avec quatre forgerons, changent par ordre de Jupiter les instruments de guerre en d'autres propres à cultiver la terre et à faire naître l'abondance.

Vulcain :   *Dugrou le cadet.*
Forgerons : *Bec.*
—   *Bossy*
—   *De Serrat.*
—   *Autheman.*

Seconde entrée.

Apollon, Minerve, Calliope.

Minerve, que la guerre a retenu longtemps loin du Parnasse, y vient rejoindre Apollon et Calliope, et pendant le repos que le retour d'Astrée procure à la terre, ils prennent le dessein de faire refleurir les sciences et les arts.

Apollon : *Le Guay.*
Minerve : *Meiffren.*
Calliope : *Estienne.*

Troisième entrée.

Bacchus, deux Suivants.

Bacchus, que le bruit des armes avait éloigné, vient prendre la place du dieu Mars et ramener la joie après le retour d'Astrée.

Bacchus :	*Porte.*
Suivants :	*Pélissier.*
—	*De Laval.*

Quatrième entrée.

Neptune.

Neptune sort de la mer avec deux Tritons, et charmé du repos que le retour d'Astrée procure à son vaste empire, il promet de favoriser partout le commerce.

Neptune :	*De Cymon.*
Tritons :	*Le Lagarde.*
—	*Barnoin.*

Cinquième entrée.

Les Bergers.

Des Bergers viennent exprimer la tranquillité et les plaisirs qu'ils goûtent dans leur campagne depuis le retour d'Astrée.

Bergers :	*Le Guay.*
—	*Martel.*
—	*de Montagnier.*
—	*De Ferrier.*

Ballet général.

Uranus, à la tête d'un joyeux quadrille, témoigne par une danse la joie qu'a causée à tout le monde le retour d'Astrée et de la paix.

Fera le remerciement :	*Le Guay.*

La composition des Danses est de **M.** Blanc, habile maître de danse, qui a proportionné, avec toute la justesse possible, les airs, les pas et les figures, à tout ce qu'on avait dessein d'exprimer.

Les machines ont été faites et conduites par le sieur *Guérin*, habile machiniste.

NOMS DES ACTEURS

Rhéthoriciens.

Balthazar de *Cymon*, d'Aix, pensionnaire.

Honoré de *Serrat*, d'Antibes, pensionnaire.

Jacques *Autheman*, d'Aix.

Jacques Elzéas *Bec*, d'Aix.

Jean-Baptiste *Bossi*, d'Antibes.

Jean-Baptiste *Quelton*, de Toulon, pensionnaire.

Jean-Pierre *Dugrou*, d'Aix.

Joseph *Porte*. de Gordes, pensionnaire.

Louis *Dugrou*, d'Aix.

Louis *Le Guay*, d'Aix.

Humanistes.

Balthazar de *Laval*, de Lambesc, pensionnaire.

Joseph-Augustin *Pélissier*, de Gran, pensionnaire.

Troisièmes.

Antoine *Estienne*, d'Aix.

Jean *Barnoin*, d'Aix.

Joseph *Martel*, d'Aubagne, pensionnaire.

Quatrièmes.

Honoré *Arquier*, d'Aix.

Jean-Baptiste *Meiffren*, d'Aix, pensionnaire.

Joseph-Estienne de *Montagnier*, de Béziers, pensionnaire.

Cinquième.

Joseph-Paul de *la Garde*, de Toulon, pensionnaire.

Sixième.

Gaspard de *Ferrier*, de Riez, pensionnaire.

Au point de vue des mœurs scolaires, au commencement du XVIIIe siècle, ce ballet est intéressant à reproduire. Les noms des acteurs sont cités à la fin et parmi eux figurent des noms portés encore honorablement de nos jours en Provence.

Les « airs, les pas et les figures » sont de M. *Blanc*, maître de danse, et les machines étaient conduites par M. *Guérin ?* Qui en a conçu et tracé le dessin ? Nous ne savons, le libretto est muet sur ce point. Ce fut apparemment un des Pères du Collège, mais son nom n'est mentionné nulle part.

Depuis une vingtaine d'années les Pères Jésuites ont racheté tout l'enclos de leur ancien collège, compris entre les rues Manuel, La Cépède, des Jardins et des Bretons. Les expulsions de 1880 les ont amené à louer une partie des bâtiments aux Frères des Ecoles chrétiennes, qui y ont installé les écoles primaires libres. Ils jouissent, en particulier, de l'ancienne salle de théâtre des Jésuites, et ils y ont fait représenter, il y a quelques mois, par leurs élèves, le *Martyre d'Agapit*, dont nous avons parlé plus haut. C'est dans la même salle que le Comité catholique donne, tous les ans, des concerts de charité. Il n'y a eu que de légères réparations à y faire pour lui rendre sa destination primitive.

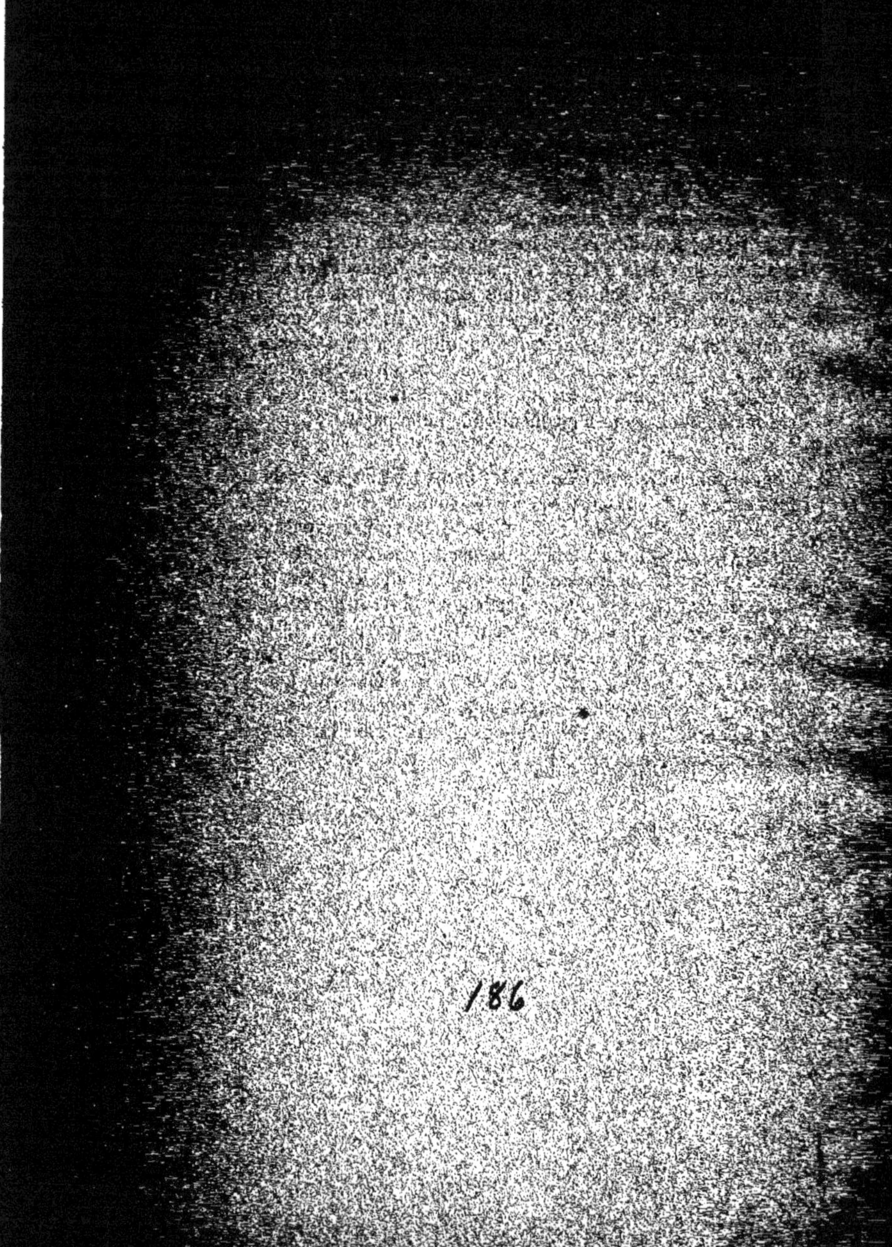
186

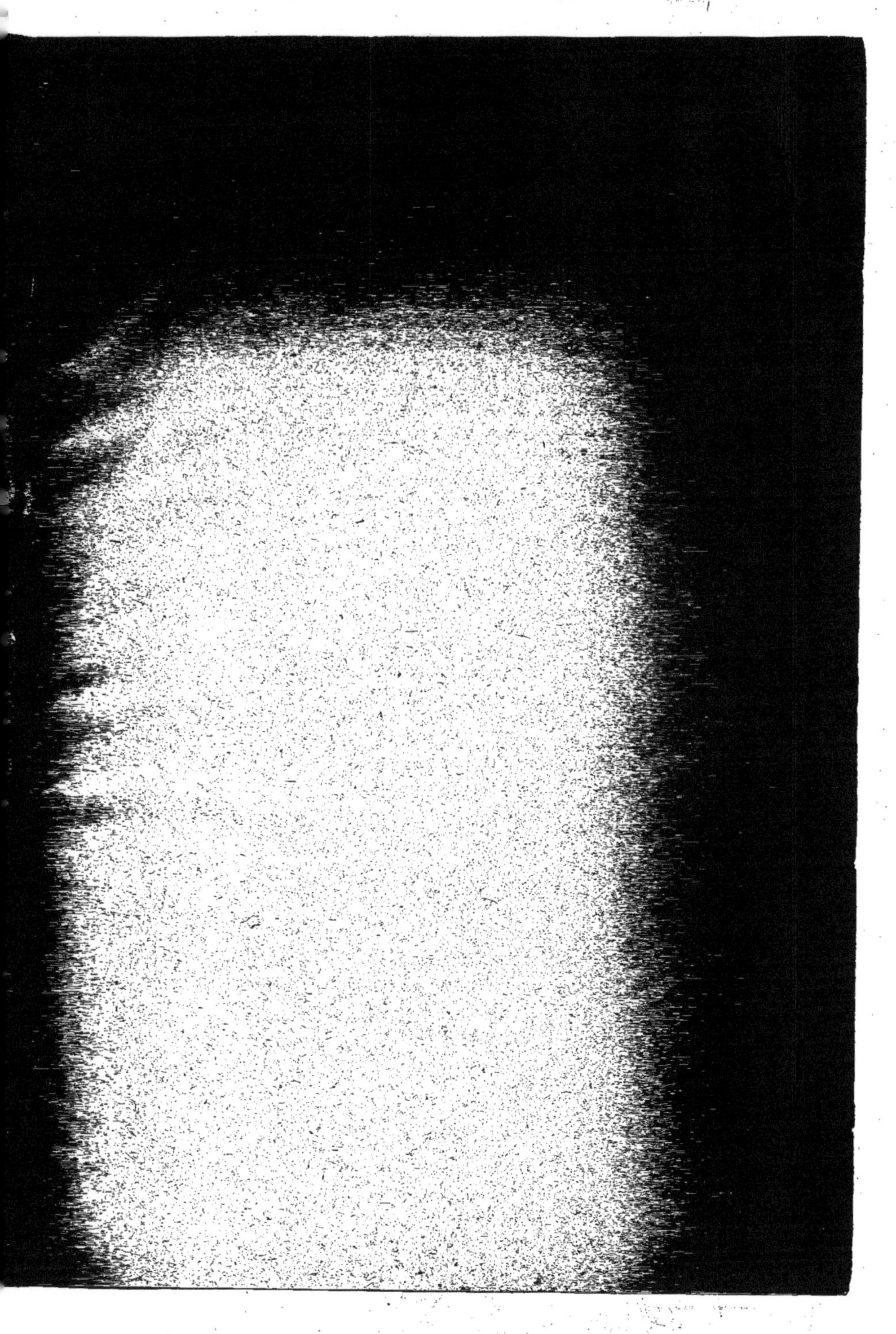

...A... ... sur la soie ... et ... [illegible] ... 1 vol. in-8°. Paris 1891. Société générale de librairie, 76, rue des Saints-Pères.

...issance et Religion, leçon d'ouverture du cours de mor[ale] à la Faculté de Théologie d'Aix, 1882, br. in-8°. Veuve Remondet-Aubin, Aix-en-Provence.

Hugues de Noyers et Pierre de Courtenay, d'après un manuscrit de la Bibliothèque Nationale, 1883, br. in-8°. A. Makaire, Aix-en-Provence.

Le Secret de la confession, 1884, br. in-8°. Chauffard, 20, rue des Feuillants, Marseille.

Le Berceau de Saint-Bernard, 1884, br. in-8°. A. Makaire, Aix-en-Provence.

La Réforme de l'Université de Paris, d'après deux manuscrits de la Bibliothèque Méjanes, 1885, br. in-8°. A. Makaire, Aix-en-Provence.

Jacques-Marie de Condorcet, Evêque de Gap (1741-1754), br. in-8°, 1885. Chauffard, 20, rue des Feuillants, Marseille.

Le Deuxième centenaire de Corneille à Rouen, 1885, br. in-8°. Imprimerie Marseillaise, 39, rue Sainte, Marseille

L'Académie d'Arles au XVII° siècle, d'après les documents originaux, t. I et II, in-8°. Librairie de la Société Bibliographique de Paris, 135, boulevard Saint-Germain, 1886-1887 (le 3° volume est sous presse).

L'ancien cléage d'Arles : Gaspard de Saint-Andiol et Gilles Du Port, br. in-8°, 1886. Paris, Société générale de librairie catholique, 76, rue des Saints-Pères.

De la préparation à la mort par le cardinal Bona, traduction française, 1 vol. in-32. Avignon, Séguin, 43, rue Bouquerie ; Paris, librairie Dupuy, 25, rue Saint-Sulpice, 1886.

Une Thèse de rhétorique au Collège des Jésuites d'Arles, br. in-8°. 1887. Marseille, Imprimerie Marseillaise, rue Sainte, 39.

9 782019 985431